LA GUERRE
D'ALAN

Août   2008

Pour Paul

avec amour

de la part de ta mère

collection
ciboulette

Une partie des pages de cet ouvrage est parue dans la revue Lapin *entre 1997 et 1999.*

EMMANUEL GUIBERT

LA GUERRE D'ALAN

D'APRÈS LES SOUVENIRS
D'ALAN INGRAM COPE

L'Association

me Ft. Knox

Avant-propos

Quand j'ai rencontré Alan COPE, il avait soixante-neuf ans
et moi trente. On ne savait pas qu'on n'aurait que cinq ans
pour être amis, mais on a fait comme si on le savait.
Comme disait Alan, on n'a pas jeté nos heures.
On a passé beaucoup de temps ensemble. Échangé des
centaines de lettres et de coups de fil. On s'est abreuvé
de livres, de dessins, de cassettes. On a jardiné. Cuisiné.
Fait du vélo. Du piano. Les courses.
Il m'a dit l'an dernier : "c'est important que je t'intéresse."
C'est vrai, ça nous importait. Lui, de bien raconter, moi,
de bien l'écouter.
C'était le plus souvent à son jardin, en juin et septembre,
l'après-midi. Les manches retroussées, on pêchait bières
et cocas dans la citerne. On ouvrait la porte du chalet,
qu'on laissait ouverte. Pendant que le jardin s'arrosait,
on en faisait autant. Alan amorçait le magnétophone,
gardait le doigt sur "pause" un court instant, le temps de
se mettre, comme il disait, en état second, et puis il
se lançait. Il avait une très singulière et très belle voix.
Je publierai sa voix, pour qu'on l'apprécie. Grave, modulée,
expressive, avec un accent américain, mais pas celui qu'on
imagine.
Il racontait sa vie.
Sa mémoire était très docile et l'emmenait où il voulait.
Elle l'emmenait en Californie, la Californie de son
enfance et de son adolescence. En Europe, pendant
la guerre. Partout où il était passé, où il avait vécu.

A certaines heures, j'aurais été attablé face à Henry Miller que je n'aurais pas été plus remué. C'était vraiment un écrivain qui parlait. Ça me remplissait de respect de l'écouter et de le regarder, même une fois le magnéto éteint, remballé, le chemin du retour pris, je voyais cet homme tout rayonnant de son passé et j'étais heureux d'être à côté de lui.

J'ai pris des croquis de ces moments-là. Certains sont bons.

Alan appréciait ça, en moi, le dessin. Il se faisait une très haute idée du dessin. Ce projet de bande dessinée l'enchantait. Il jouait parfaitement le jeu, il acceptait que je dessine sa mémoire. Parfois, j'illustrais très fidèlement un souvenir, d'une façon troublante pour nous deux, le plus souvent je le déformais. Dans un cas comme dans l'autre, il était ravi. Et fier.

Peu de temps avant sa mort, il m'a dit :
"J'ai remarqué une chose en regardant la télévision depuis que je vis dans les chambres d'hôpital, c'est que même dans les programmes les plus quelconques et les plus insipides de la journée, si je vois un court instant un peu de nature ou un homme en train d'exercer une activité artisanale ou, par exemple, dans un petit western, un coin de ferme avec quelques chevaux, j'ai des moments de plaisir et de soulagement et de bonheur, presque comme si je voyais ces choses dans la vie réelle. Au milieu d'un flot d'images mauvaises ou simplement inutiles qui sont la majorité, il y a de courts instants qui me plaisent, comme ça, simplement, sans que j'essaie aucunement de les interpréter. Et c'est ça que tu aimes dans ce que je te raconte et dans notre travail. Tu aimes ce que je te dis parce que je choisis des moments tous absolument vrais et qui sont des moments racontés sans interprétation, avec juste ce qu'ils ont eu de vérité.

6

"Et j'ajoute que c'est ce que tu fais toi-même quand tu fais tes croquis."

Alan est mort l'été dernier. Huit mois après, le premier livre paraît à l'Association. Il raconte la préparation militaire d'Alan, aux États-Unis, entre 1943 et 1945. Je raconterai ensuite sa guerre et son occupation de l'Allemagne.

Plus tard, son enfance.

Certains épisodes ont été publiés dans LAPIN.

Alan était abonné à LAPIN, il le lisait de A à Z et goûtait ce qui se passait à l'Asso. Il appréciait les bandes dessinées de mes proches amis, David B., Joann Sfar, Christophe Blain, et s'enquérait souvent d'eux. Il aimait bien les Contures de Mattt Konture. La sollicitude de Jean-Christophe Menu nous confortait dans notre travail.

Je précise qu'il ne s'agit en aucune façon d'un travail d'historien. Je me documente peu. Je recherche essentiellement les images que son récit a faites naître en moi quand je l'ai entendu pour la première fois. Ce sont ces images qui m'ont donné envie de travailler.

En lisant les scénarios inspirés de nos conversations, il arrivait qu'Alan veuille rajuster, vérifier, modifier un détail. Moi-même, je le consultais, au coup par coup, sur tel ou tel aspect d'une scène. Je lui demandais de me décrire plus précisément une personne, un lieu, une atmosphère. Était-ce le jour ou la nuit ? Pleuvait-il ? Comment étais-tu habillé ? Je décrochais mon téléphone et j'avais la réponse. Maintenant, je me débrouille tout seul.

Autant dire que ce récit sera soumis aux aléas d'une mémoire désormais figée sur cassette ou dans mes carnets.

Mais cela n'est pas bien important. Je n'ai pas peur d'inventer. Alan est né en Californie en 1925. J'ai été élevé dans le midi de la France vers 1970. Nos palmiers se valent. Bien sûr, je n'ai pas fait la guerre, mais j'ai eu un arrière-grand-père au Chemin des Dames, un grand-père à Dunkerque, un père en Algérie. La guerre n'est jamais loin de quiconque.

Alan écrivait des poêmes. J'extrais de l'un d'eux trois
strophes qui disent bien, je trouve, ce que c'est de partir
à l'armée quand on a dix-huit ans, en temps de guerre.

" D'elle, ma première vue
Au milieu d'un tapis rond
Assise sur fond de turquoise
Ouvrant ses cadeaux d'anniversaire

Son seizième - et ses fins doigts
Ses bras duvetés de blond
Je n'avais pas encore bu de la bière
Blond comme la bière (...)

D'elle, ma première grande peine
Au milieu d'un monde en guerre
Accroupie au bord d'un au revoir
De sentir glisser au loin cette belle peau blonde. "

E.G.
Premier mars 2000

Alan souhaitait que cette série de livres soit dédiée
à la mémoire de sa grand-mère, Ione Ingram.
Moi, je la dédie à mes parents, Jean et Jacqueline.

1

Je me souviens du jour où PEARL HARBOR a été bombardé.
J'étais très jeune et je livrais les journaux à PASADENA, en Californie.

C'était tôt le matin, dans les quartiers résidentiels. Je jetais le journal sur les perrons, devant les maisons.

La plupart des gens dormaient encore, mais quelques personnes sont sorties tout de suite pour regarder les titres.

Il n'y en avait qu'un, sur cinq colonnes.

PEARL HARBOR BOMBED BY JAPS

Je me souviens des expressions de surprise complète, de choc.

Quant à moi, je n'avais aucune idée de ce que c'était que PEARL HARBOR. Je n'avais pas le temps de lire le journal avant de le livrer.

A dix-huit ans, j'ai été appelé, comme tous les jeunes Américains.

J'ai passé des tests, dont un avec une note parfaite, celui d'aptitude à devenir opérateur de radio.

Et puis on nous a mis dans un train.

Nous allons à FORT KNOX, KENTUCKY.

On était soldat depuis la veille et on n'avait rien appris, sauf comment faire un lit. Justement, on était dans des voitures-lits. Deux hommes par lit.

Il y avait deux jeunes gens qui, de toute évidence, étaient amoureux et l'un était très timide et pleurait.

Il avait tiré comme camarade de lit un énorme gars, très très gras, pas très alléchant et il pleurait parce qu'il fallait qu'il passe la nuit avec ce monsieur.

11

Son copain m'a dit :

Vous ne connaissez personne ici ?

Non, non.

Vous ne voulez pas changer avec lui ? Parce que vous voyez, il va faire une crise de nerfs.

Il avait l'air si malheureux. J'ai regardé le gros monsieur et j'ai pensé "évidemment, il est vilain, mais…"

Bon, je veux bien.

Le gosse était vraiment très content. Les deux ont couché ensemble et moi j'ai couché avec le gros type.

Il prenait toute la place mais ce n'était pas sa faute. Il était gentil.

C'est le premier souvenir humain de ce voyage.

On était au mois de mars et on portait déjà l'uniforme d'été. Il faisait chaud, il fallait ouvrir les fenêtres du train.

Les locomotives à vapeur brûlaient souvent un charbon impossible. Il envoyait des gros paquets de suie et tout le monde était noir.

Ce n'était pas du tout agréable.

Et puis on est arrivé à CHICAGO, dans les parcs à fret.

Subitement, on a détaché notre wagon, devant, derrière et notre responsable nous a dit :

Je pars avec le reste du train. Un autre train va venir vous chercher pour vous emmener à FORT KNOX. Attendez-le et défense de sortir du wagon.

Mais rien ne s'est passé. Pendant des heures et des heures. On avait faim.

Il me semble que je vois des bâtiments par là-bas, une rue. On pourrait traverser les rails et peut-être qu'on trouvera une épicerie ou quelque chose. Qui veut venir avec moi ?

On a été cinq à le suivre.

Il fallait faire très attention. Des locomotives arrivaient à toute vapeur, de toutes les directions et on ne pouvait pas savoir, à cause des aiguillages, sur quels rails elles arrivaient.

Vous pouviez croire qu'un train venait sur un rail, puis brusquement il bifurquait sur un autre, c'était extrêmement dangereux.

Enfin, on est sorti de là.

On a effectivement trouvé une très petite épicerie de quartier où on a quand même pu acheter du pain, des petits gâteaux, du peanut butter, des fruits ...

Tout cela était dans les paper bags, les fameux sacs en papier américains, qui sont excellents et on a rebroussé chemin.

On avait fait attention de repérer en venant des tours et des trucs et des machins pour pouvoir retrouver notre wagon.

C'était toujours aussi dangereux mais nous ne nous sommes pas trompés de chemin. On a bien reconnu l'emplacement du wagon.

IL N'Y ETAIT PLUS.

Qu'est-ce qu'on va faire ?

Moi je n'ai pratiquement pas d'argent.

Moi non plus.

On va être puni.

Il faut marcher jusqu'à la station. Maintenant, ils vont considérer que nous sommes des déserteurs, donc il faut qu'on arrive à FORT KNOX par nos propres moyens le plus tôt possible, pour prouver qu'on ne voulait pas déserter.

Nous étions tous d'accord et nous avons marché jusqu'à un bureau de fret où un employé nous a reçus. Quand on lui a dit ce qui nous arrivait, il a rigolé.

Je vais envoyer un message au chef de la gare des trains venant de la côte ouest.

Il a écrit avec un stylo électrique qui m'a fasciné. Il envoyait ses messages en écrivant réellement sur une surface comme du papier et là-bas, à la gare, son écriture était instantanément reproduite.
Je n'avais jamais vu ça.

Bref, la réponse est arrivée par le même système : nous devions venir tout de suite.

A la gare, on a appelé le quartier général de FORT KNOX. On était déjà signalé comme manquant.

L'armée a pris en charge les billets pour LOUISVILLE via NEW YORK. LOUISVILLE est la grande ville à côté de FORT KNOX. Avec l'accent local, on prononce "Loweuveul".

On est arrivé à NEW YORK, GRAND CENTRAL STATION, dans l'après-midi.
C'était ma première fois.

Le train pour LOUISVILLE était le soir et, comme on était sûr d'être mis en prison en arrivant là-bas, on a décidé de prendre du bon temps.

On est monté en haut des cent trente deux étages de l'EMPIRE STATE BUILDING.

On a mangé gratuitement dans un club pour soldats
et on est allé au ROCKEFELLER CENTER
écouter un orchestre de jazz.

Et puis ça a été l'heure de reprendre le train
de nuit.

Au matin, à LOUISVILLE, un camion militaire nous
a ramassés et amenés à FORT KNOX.

FORT KNOX était une vraie ville.
Il y avait cent mille personnes là-dedans,
à l'époque. Depuis l'entrée du fort jusqu'à
nos baraquements, on a fait une bonne
demi - heure de route.

On a été très bien reçu.
Pas d'engueulade, pas de punition.
On nous a donné notre équipement, comme
à tout le monde, et voilà.

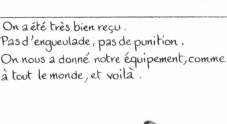

18

2

On a appris à devenir des soldats.

Je me suis trouvé dans les blindés avec une période d'entraînement de trois mois, parce que c'était nouveau, les blindés, et qu'on avait à apprendre énormément.

Les gars qui étaient à l'infanterie, eux, avaient quelques semaines d'entraînement et puis on les envoyait se faire tuer.

Le premier jour, tout appelé passait un test psychologique. Il y avait un soldat qui vous posait des questions, quelquefois assez embarrassantes.

Ensuite, on nous faisait passer un test d'intelligence. Alors là, j'étais très bon. Une note de 132.

Maintenant, je suis plus vieux, probablement ce serait moins bon.

Et puis le super-entraînement a commencé.
Il y avait des marches, des courses d'obstacles,
on étudiait les armes de toutes sortes,
la façon de se conduire, de faire des patrouilles,
on apprenait comment se servir d'une capote anglaise,
à se méfier des putains,
(on ne nous parlait pas encore de pénicilline,
à l'époque, je ne connaissais même pas ce mot)
enfin, tout ce que vous voulez,
même à nettoyer par terre.
C'était très complet.

Par exemple, il fallait ramper sous des barbelés.
On tirait des balles au-dessus de nous,
des VRAIES balles. C'est-à-dire que si
on s'était levé, on aurait été mort.

On a eu un combat de village. Des tireurs
d'élite étaient cachés dans les coins et
nous tiraient dessus, toujours avec de vraies
balles, très très près. On voyait les trous
dans le mur à côté de soi et on apprenait
à prendre les choses vraiment au sérieux.

20

Et puis, le même jour que la prise du village, il y a eu cet exercice qui m'a rendu furieux.

C'était à la sortie d'un bois.

On était sur le côté d'une route et des chars approchaient. La route était creusée de trous de la taille d'une personne.

Il fallait se jeter sur la route devant les chars, choisir un trou, sauter dedans et le conducteur du char roulait sur le trou avec une de ses chenilles.

On faisait ça à dix ou douze à la fois, avec notre fusil long, mais on ne partait pas tous en même temps.
C'était en mouvement.

J'ai reçu en dernier le signal de courir.

J'ai sauté dans le trou qui restait.
Nom d'un chien !
IL N'ETAIT PAS ASSEZ PROFOND !

Les parois, peut-être le jour même, avaient cédé. Il manquait au moins vingt centimètres de profondeur. Je pouvais m'y mettre à peu près, mais pas mon arme !

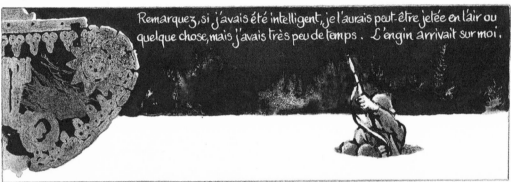

Remarquez, si j'avais été intelligent, je l'aurais peut-être jetée en l'air ou quelque chose, mais j'avais très peu de temps. L'engin arrivait sur moi.

Je me suis dit : "La chenille va casser mon fusil et s'il casse mal, il va m'embrocher."

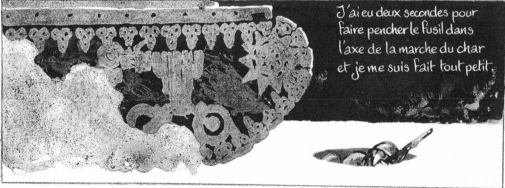

J'ai eu deux secondes pour faire pencher le fusil dans l'axe de la marche du char et je me suis fait tout petit.

Dans le vacarme de la chenille qui me passait dessus, j'ai entendu le craquement du fusil.

Je me suis rencogné comme j'ai pu pour qu'il ne me craque pas dans le corps.

Ça a marché.

Quand je suis sorti du trou, le sergent était furieux. Il ne voulait rien entendre.

Je n'ai pas osé le traiter de con.

C'était une très mauvaise expérience.

3

Je faisais partie d'un bataillon.
Dans ce bataillon, il y avait quatre compagnies
et dans chaque compagnie, soixante soldats.

On avait un exercice où il fallait faire
des courses de relais en portant quelqu'un
à peu près de son poids sur les épaules.

Les compagnies étaient mélangées
et je cherchais autour de moi
quelqu'un de mon gabarit.

On peut faire ça ?

Oui.

C'est comme ça que j'ai rencontré Lou.

C'est facile de porter un gars sur ses épaules.
Si on s'y prend bien, on peut en porter des
plus lourds que soi.
Il faut faire gaffe
de ne pas coincer
les couilles.

On s'est bien amusé à faire ça tous les deux
et on a fait connaissance.

Il était complètement différent de moi.
Moi, j'étais un enfant assez timide,
j'avais pas froid aux yeux mais j'étais
timide, pas du tout sportif, à part
pour la natation et grimper
aux arbres.

Lou, au contraire, c'était le genre membre
d'équipe de basket, de foot et de tout
ce qu'on veut...

On ne sait jamais pourquoi on sympathise avec quelqu'un
mais vraiment on a beaucoup, beaucoup sympathisé.
Tant et si bien qu'il y avait des gens qui croyaient
qu'on était un peu spéciaux et, lui qui était très
bagarreur, il a brisé quelques nez à cause de ça.
Haha!

On faisait des longues marches, trente ou quarante kilomètres, souvent par une chaleur étouffante. J'adorais ça.

Il y avait un camion devant la troupe et un autre derrière. Le camion de devant transportait le "lister bag", le réservoir d'eau pour la pause.

Le camion de derrière ramassait les types qui s'évanouissaient.

Les pauses duraient un quart d'heure, sous les arbres. On s'asseyait, buvait, fumait une cigarette.

Souvent Lou, qui était dans une compagnie derrière, courait pour me rejoindre et boire le coup avec moi.

Quand on rentrait des marches, en principe, on avait quartier libre. Tous les soldats se couchaient, épuisés, et nous on disait :

Bon, ben on va à la patinoire.

Et on le faisait. Ça enrageait tout le monde.

Il y avait aussi un garçon, dans une autre compagnie. S'appelait Donald Carrothers.

Il m'appelait toujours "California"!

Hi California ! How're ya doin' ?

Il avait une tête de fermier blond avec un petit nez pointu et un regard qui reste dans la mémoire. Il n'était pas très grand mais élancé, avec des cuisses puissantes.

Ce qui m'avait frappé chez lui, c'est qu'il était au fond assez athlétique, mais quand il marchait, il marchait avec le thorax penché en avant, parce que le paquetage était lourd et qu'il avait une très petite poitrine.

OK, California ?

J'aimais bien sa façon de m'appeler "California"! On parlait un peu, comme ça. Il y avait une certaine attirance entre nous vers une amitié qui ne s'est pas formée.

Et alors je vais faire deux grands sauts dans le temps pour dire ce qui est advenu de lui.

Peu après la fin de la guerre, en mai 45, j'étais en Tchécoslovaquie et, chose rare, j'ai reçu deux lettres, dont une de Donald Carrothers.

Evidemment, ça commençait par "Hi California!" et ça disait :

J'AI ÉTÉ LIBÉRÉ. JE GAGNE TRÈS BIEN MA VIE, JE DANSE DANS LES CABARETS, LES NIGHT-CLUBS ET CE QUE JE VOUDRAIS QUE TU FASSES, C'EST DE VENIR ME REJOINDRE LE PLUS TÔT POSSIBLE.
J'AI BESOIN DE PARTENAIRE. JE T'APPRENDRAI À DANSER, JE SAIS QUE TU POURRAS ÊTRE UN BON DANSEUR ET CE SERA FORMIDABLE.

J'étais absolument 100 % surpris. Je n'avais pas eu UN MOT de lui depuis fin 43. J'avais même oublié son existence, à vrai dire.

Alors je lui ai répondu non. J'ai été très poli. Je lui ai dit :

C'EST FORMIDABLE QUE TU ME PROPOSES ÇA. JE SUIS MÊME HONORÉ. MAIS JE NE SAIS PAS SI C'EST MON GENRE. JE CROIS BIEN QUE JE NE DEVRAIS PAS FAIRE ÇA.

(Je ne savais pas encore ce que je voulais faire, d'ailleurs.)

Remarquez, j'aurais peut-être pu devenir un bon danseur. Il avait dû voir ça par ma façon de faire ces longues marches avec un pas allègre.

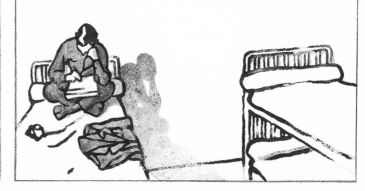

Deuxième saut dans le temps, encore plus grand, vers 1976. J'ai pris ma retraite et je regarde un film avec GENE KELLY, que vous connaissez.

Il dansait souvent avec, comme deuxième danseur, un garçon qui s'appelait Donald O'connor.

Eh bien, O'connor, c'était Carrothers. Pratiquement certain de l'avoir reconnu.

Je crois qu'il est mort, depuis.

La deuxième lettre reçue en Tchécoslovaquie, en 45, était de Lou.
Je lui avais beaucoup écrit, et toujours sans réponse.
Ça m'attristait énormément, ça me faisait pleurer de penser
que Lou était mort.

(J'ai appris plus tard que c'était exactement pareil pour lui.)

Il faut dire que l'armée faisait ce qu'elle pouvait
pour livrer les lettres, mais enfin, c'était la
guerre. Par exemple, une parente en Amérique
m'avait envoyé un énorme fruit cake ...

Des mois plus tard, c'est revenu chez elle dans
un paquet complètement écrasé et pourri.

Le camion avait dû être bombardé
ou sauter sur une mine.

C'est peut-être un peu bizarre de dire ça mais, tout compte fait,
le jour où j'ai reçu la lettre de Lou a été probablement
le plus beau jour de ma vie.
Encore plus beau que la naissance de mes fils.
Quand vous croyez que quelqu'un est mort et que vous découvrez
qu'il ne l'est pas, ça produit un effet extraordinaire.
C'était merveilleux de penser qu'il était vivant
et qu'il pouvait m'écrire une lettre.

Nous reparlerons de Lou.

4

Je n'ai pas encore raconté mon histoire de morpions, n'est-ce pas ?
Je peux la dire maintenant.
J'ignorais ce que c'était que des morpions et un jour,
pendant mon entraînement de base, je les ai attrapés.

Je peux vous assurer que ce n'était pas en ville, je n'y étais pas allé, d'ailleurs. Certainement, je les avais attrapés dans les toilettes.

J'en avais beaucoup et c'était très désagréable.

Chaque matin au rapport, quand il avait fini de donner les annonces, le sergent qui dirigeait la compagnie demandait :

Est-ce qu'il y a quelqu'un qui veut se faire porter malade ?

Certains soldats sortaient du rang et se mettaient à côté de lui. Il envoyait tous les autres au petit déjeuner et il demandait à chacun :

Qu'est-ce que tu as ?

Je lui ai expliqué ce qui m'arrivait.

Ça s'appelle des morpions.

En anglais, on dit "pubic lice", mais le terme argotique qui correspond à morpion, c'est "crabs".
C'est-à-dire, des crabes.

Parce que, je ne sais pas si vous en avez déjà vu, c'est minuscule, ça se met autour de la racine de chaque poil pubique, ça s'accroche avec des petites pattes et ça fait très mal.
Si vous arrivez à en voir un, ça ressemble à un petit crabe, un petit dormeur.

A peu près.

Alors le sergent était en colère après moi. Probablement, il croyait que j'avais fait des bêtises. A l'époque, on faisait beaucoup d'efforts pour éviter que les garçons aillent chez les putains.

Je n'avais aucune idée de ce qu'il fallait faire pour soigner ça.
J'ai appris plus tard qu'il existait des baumes qui tuent ces petits animaux, mais le sergent ne m'a pas envoyé chez le médecin.
Il m'a dit :

Voilà ce que tu vas faire : tu vas dans la douche, tu mets de la crème à raser et tu te rases avec ton rasoir jusqu'à ce que tu n'aies plus le moindre poil sur la verge, sur les couilles, autour, rien, hein ?

Et fais bien attention que tout ça descende dans le drain, il ne faut pas en laisser traîner. Tu verras que tu n'auras plus rien.

Je dois dire que ça marche.

Mais il était bien vache, parce que c'était une opération difficile et désagréable, comme vous pouvez l'imaginer.

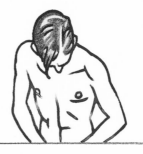

Et ce n'est pas tout...

C'est que ça repousse, les poils !
Au début, c'est tout court et ça vous mord terriblement.

En plus, il fallait marcher tout le temps, faire les exercices, le sport et tout ça.
J'ai acheté du talc, bien sûr, et je me protégeais comme je pouvais, mais je souffrais beaucoup.

Je me suis méfié par la suite.

Je ne voulais pas rattraper ça. Il faut dire que les toilettes n'étaient pas dans des cabines individuelles.

Elles étaient alignées contre le mur, par six ou sept.

Une promiscuité assez pénible.

Peu après l'épisode des morpions, il y a eu un accident, d'ailleurs.

L'armée a fait venir des ouvriers pour réparer le système de chauffage.

Ces gens-là ont branché l'eau chaude sur les waters.

Au matin, tous ceux qui ont tiré la chaîne en restant assis ont été très sévèrement brûlés.

Heureusement, moi non.

5

Mon père ne m'avait pas appris à conduire une voiture.
Probablement parce que ma belle-mère ne voulait pas,
parce que sinon, mon papa était très gentil et il m'aurait appris.
A dix-huit ans, je ne savais conduire qu'une bicyclette.
Et donc, le premier véhicule à moteur que j'ai appris à conduire de ma vie
était un char.

Ce sont des engins assez désagréables,
pour le moins dire.
Quand la terre est sèche, étant donné que
dans le Kentucky c'est de l'argile,
ça fait une poussière incroyable.

Et quand il pleut, alors là c'est pas marrant
parce que c'est de la gadouille
et qu'entr'autres choses, il faut nettoyer
le char quand on a fini
la journée d'entraînement.

Surtout, il faut enlever la boue de chaque maille des chenilles. On le fait avec un petit bâton, une branche d'arbre, enfin n'importe quoi qu'on peut trouver. C'est collant, c'est presqu'impossible de nettoyer ça.

A l'époque, le moteur de nos chars était un moteur d'avion, c'est-à-dire radial ; comme sur les anciens avions à hélice. On appelle ça radial parce que c'est un cercle, avec des bougies tout autour. Ça bouffait une quantité d'essence incroyable.

On avait des jerrycans et nous apprenions, moi aussi petit COPE, à porter jusqu'à quatre jerrycans à la fois, deux dans chaque main, ce qui est terriblement lourd.

Je ne sais pas si vous savez comment on dirige un char. Vous avez deux chenilles et pas de volant. Ben disons que d'abord, il faut le faire démarrer. Ça, c'est pas trop difficile. Vous tournez une clef et si la chose fonctionne, le moteur démarre.

Vous êtes assez mal assis et vous ne voyez pas grand'chose et, si vous fermez le capot, vous avez juste une espèce de fente pour voir.

(C'est pour ça qu'en ville, quand vous n'êtes pas en combat, il y a toujours un soldat qui marche devant pour vous diriger.)

Il y a un système d'accélérateur et de frein. Pour la direction, on freine mécaniquement soit une chenille, soit l'autre, en tirant sur un manche comme un manche d'avion. Ça fait qu'une chenille ralentit et que l'autre continue à la vitesse déterminée par l'accélération et donc, forcément, ça tourne.

Si vous voulez tourner à droite,
vous tirez le manche de droite,
la chenille de droite ralentit
et vous tournez à droite.

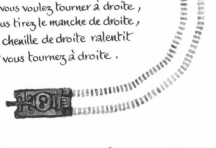

Si vous tirez très fort, la chenille peut s'arrêter
complètement, mais alors là vous tournez d'une
façon extrêmement abrupte.

Pour arrêter le char, on tire sur les deux manches.

Il y a aussi une espèce d'embrayage, mais enfin, ça n'a rien à faire avec l'embrayage
d'une voiture. C'est pour que le moteur puisse marcher sans que l'engin avance.

Les chars, en principe, sont faits pour quatre
occupants. Il y a le conducteur, en bas à
gauche, l'opérateur de radio, en bas à
droite et, dans la tourelle, le commandant
du véhicule et le canonnier, qui devient
commandant si le commandant est tué
ou blessé.

Il y a souvent un rail tout autour de la tourelle,
sur lequel roule une grosse mitrailleuse,
une cinquante. Du coup, la tourelle n'est
pas fermée. On est debout là-dedans, quand
il fait froid on met une serviette de bain
entre les deux parties du casque pour faire
un châle. Quand il pleut, ben il pleut.

Les quatre communiquent avec des écouteurs et un petit microphone.
Je vous ai dit que le conducteur ne voit pratiquement rien et le radio non plus.
Si le canonnier descend et s'asseoit à son canon, le commandant
reste seul à voir vraiment ce qui se passe.

Il dirige la manœuvre et le tir avec
un système de cadran de montre :
objectif à trois heures, à dix heures, etc...
Il donne aussi les distances et le canonnier,
qui regarde par une petite lunette, finit
par avoir une vision d'un truc et peut tirer.
Aujourd'hui, tout ça doit se faire
électroniquement, mais pour nous c'était
de la pifométrie.
Une bonne pifométrie.

Alors donc j'ai appris comme tout le monde
à conduire cette chose, c'est assez amusant.
Au début, ce n'est pas spécialement facile.
Ça a duré deux bonnes semaines et vers
la fin, nous avons eu le droit de faire
tomber des arbres. C'était des sortes
de chênes, pas très gros mais très hauts.

Nous étions trois dans le char, l'instructeur qui était à la place du radio et deux élèves qui se relayaient, l'un aux commandes, l'autre dans la tourelle.

J'ai conduit en premier et j'ai bien écrasé mes arbres. Très bonne note.

Ensuite j'ai changé de place avec l'autre et je me suis retrouvé seul dans la tourelle, à la place du canonnier.

Le char se dirigeait vers un grand arbre.

Au lieu de tomber tout entier au moment du choc, cet arbre, qui ne devait pas être en très bonne santé, s'est brisé à mi-hauteur.

La partie basse s'est couchée devant le char.

La partie haute est tombée tout droit dans la tourelle.

Heureusement, l'arbre a choisi
de tomber à côté et pas sur ma tête.
Sinon j'étais mort.
Et si on avait été deux, il y aurait eu
un tué, c'est sûr.
J'ai été effrayé, l'instructeur aussi.
Ça n'a pas fait de mal au char
mais ça a abîmé les sièges
dans la tourelle.

C'est étrange, hein ?
Pendant toute cette période et
plus tard, pendant la guerre
proprement dite, j'ai toujours
eu des histoires dangereuses
qui n'avaient que rarement
à faire avec le combat.

6

Toute la journée on apprenait à manœuvrer et à entretenir un char
et ça nous éreintait.
Heureusement, la compagnie de Lou suivait la même formation.
On pouvait se retrouver le soir tous les deux et bavarder un peu.
On logeait dans des tentes de soldats, pas confortables,
en pleine cambrousse, très loin du fort.

Lou disait :

> Viens, on va voler
> quelque chose à manger.

Il allait dans la tente de mess
de sa compagnie (il était assez
osé comme garçon) et il volait du
pain, du beurre et des oignons.
Il adorait les oignons crus.

Alors nous faisions des énormes
sandwiches de pain, beurre et
oignons. Je dois dire que c'est
assez indigeste mais très bon.

J'aime bien ces sandwiches
depuis ce temps-là.

Et puis nous avons eu un samedi après-midi
et un dimanche de libre pour retourner au fort,
ce que tout le monde a fait, et Lou a piqué une
grosse dépression.

> J'en ai MARRE, MARRE
> de tout ça, MARRE de
> l'armée ! Ça ne rime à rien.
> Je vais tout simplement
> déserter !

Quand les camions qui ramenaient tout
le monde sont repartis, le dimanche après-midi
vers quatre heures, il s'est caché et je suis
resté avec lui.

J'ai dit:

Moi je reste avec toi mais je ne déserte pas, alors je te tiendrai physiquement s'il le faut mais tu ne dois pas faire ça.

Je DÉTESTE ces chars !

Dans les films, on les voit tout le temps brûler avec les gars dedans qui grillent.
JE N'AIME PAS ÇA !

Je n'aime pas l'idée de brûler vivant dans un char. Je rêve la nuit que je brûle dans un char comme on voit dans les films.

Nous allions souvent au cinéma, lui et moi. Et s'il fallait choisir entre un film de guerre et un autre, Lou choisissait toujours le film de guerre.

Moi, je ne me voyais pas nécessairement dans la peau des personnages.

Lou, pourquoi encore un film de guerre ?

Parce que je me demande comment MOI, je vais réagir dans ces situations.

Il était très brave, très dur, mais je ne sais pas, il avait peur de mal réagir dans ces situations.

Ecoute, à vrai dire, je déteste les chars aussi. Moi, ce que je n'aime pas, c'est les nettoyer.

AH! Tu vois !

Et puis je n'avais pas spécialement pensé à ça, mais maintenant que tu me parles de griller dans un char, j'avoue que je n'aime pas cette idée non plus.

Ben alors ?

Oui mais on ne doit pas déserter.

J'ai mis six heures à le convaincre.

Il était donc vers dix heures et demi du soir quand j'ai dit :

Tu vas rentrer avec moi.

Bon.

Il va falloir qu'on marche jusqu'à là-bas.

Oui, oui, d'accord.

Tu connais le chemin, Alan ?

Bien sûr.

Alors on est parti à pied, tous les deux, ça a pris des heures et des heures, on est arrivé complètement crevés et on a retrouvé nos compagnies.

Le lendemain, il m'a dit :

Ecoute, tu sais ce que je vais faire ? Je vais me porter volontaire pour les parachutistes. Qu'est-ce que tu en penses? Tu pourrais faire comme moi.

C'est peut-être plus dangereux que les chars, mais l'idée de me bagarrer en sautant en parachute, ça ne me fait pas peur. Alors que brûler dans un char, oui.

J'étais d'accord.

On est allé voir le quartier général.

Vous pouvez toujours demander. On verra bien.

Alors on a fait la demande et puis on a eu encore un examen physique et un test d'aptitude qu'on a réussis.

Et la réponse est arrivée.

On nous refusait l'affectation à cause d'un gel de tous les transferts. La fin de notre période de formation approchait et l'état-major savait déjà ce qu'il allait faire de chaque soldat.

Je pense que ça m'aurait bien plu de sauter en parachute, mais je ne serais peut-être pas là aujourd'hui pour en parler.

Le moment de partir est venu et on m'a appelé chez le commandant.

COPE, on a besoin d'étudiants à l'école de radio et vous avez eu la meilleure note du bataillon quand vous avez passé le test. Alors vous n'y êtes pas obligé, c'est du volontariat, mais vous pouvez aller à l'école de radio pendant trois mois. Réfléchissez.

Je n'essayais pas de tirer au flan, je n'avais pas peur d'aller à la guerre, mais j'ai pensé :

Si je dis non, je passe peut-être à côté d'une expérience très valable. Et comme Lou et moi ne sommes pas dans la même compagnie, si je refuse pour rester avec lui, j'ai très peu de chances d'être effectivement avec lui.

Je savais qu'on n'envoyait pas les compagnies au même endroit. C'était très rare que ça arrive.

Alors Lou était peiné mais il comprenait que, probablement, on ne serait pas ensemble. Si j'avais été sûr de rester avec lui, je l'aurais suivi. Mais comme on devait être séparé de toute façon, j'ai dit :

Je vais aller à l'école de radio.

Et donc tout le bataillon est parti, compagnie après compagnie. Les quatre bâtiments se sont vidés, ils allaient être remplis le lendemain par un autre groupe.

J'étais dans un des bâtiments et je regardais tous ces gens qui s'éloignaient au pas sur la route. J'ai vu Lou partir.

J'étais seul dans cette grande pièce et je vous assure que j'étais triste.

7

Alors donc, on entre dans la phase de l'élève radio.
Cet entraînement était excellent. Ça durait trois mois.
Ça consistait en plusieurs heures de code par jour,
à transmettre et à recevoir.
En apprenant le code, il y avait des gars
qui piquaient de véritables crises de nerfs.

On avait aussi des cours de cryptographie, de petite théorie radio, de procédures de transmission (avec la multitude de signaux sonores convenus, qui tous commencent par la lettre Q et sont composés de peu de lettres, le plus souvent trois), de manipulation des postes de radio, de transmission par code vocal
...

Et vers la fin des trois mois, on a appris comment faire la radio dans des conditions de combat.

On nous mettait dans des half-tracks et on nous entraînait dans des chemins incroyables, des lits de rivière, où on manquait sans arrêt de se retourner.

Le transmetteur était fixé sur la cuisse par un bracelet et il fallait envoyer des messages.

A l'extérieur, d'énormes haut-parleurs imitaient les bruits de combats, les avions qui zoomaient, les bombes qui éclataient, les gens qui criaient.

Avec tout ça, il fallait quand même entendre et transcrire.

Ben c'était amusant.

Je suis devenu un bon opérateur à moyenne vitesse. D'une classe de 300 je suis sorti premier.

Du coup, on m'a proposé de devenir enseignant.
J'étais toujours simple soldat, hein ?
Même pas première classe.

L'idée m'a plu.

J'apprenais le morse international aux soldats,
quelquefois il y avait des sous-offs.
Il fallait voir les forces et les faiblesses de chacun,
découvrir pourquoi ils faisaient certaines choses
de travers. C'était assez intéressant.

Mais surtout, il y avait la cryptographie.
Et à l'époque existait une merveilleuse petite
machine pour crypter et décrypter les messages.
Secrète, d'ailleurs.

SEC

RET

Elle faisait 12 ou 13 centimètres de long, un peu
moins de large et 7 centimètres de haut.
Elle avait des leviers et des molettes.
Je ne me souviens pas comment on s'en sert.

Peut-être que j'ai oublié parce qu'en tant que
bon détenteur de secrets, je devais.

Je l'avais très bien maîtrisée, cette petite
machine. Le matin, j'enseignais son
fonctionnement à une centaine de personnes
à la fois. Alors là, j'ai eu des hauts gradés,
même des colonels.

Des fois, il fallait les corriger. A vrai dire,
des vieux comme ça, quelquefois, ils
comprennent beaucoup moins vite qu'un jeune
une chose inconnue, n'est-ce pas ?

L'après-midi, je retournais dans les half-tracks, cette fois comme instructeur, avec 4 ou 5 opérateurs à la fois. J'ai eu quelques copains parmi ces élèves-là.

Je me souviens de deux qui étaient formidables. Ils avaient des copines à Louisville et ils ne pensaient qu'au cul.

A peu près une fois toutes les vingt minutes, il fallait que je les ramène à la dure réalité de la radio. Ils étaient vraiment très sympas, mais alors qu'est-ce qu'ils étaient connards, c'était extraordinaire.

J'étais logé en tant que professeur, avec d'autres professeurs. Un jour, ils m'ont joué un sale tour pour se moquer de moi.

Il y avait une inspection et c'était écrit sur le tableau d'affichage que tout le monde devait être hors des baraquements pour... mettons 7 heures du matin.
Je ne l'ai pas vu.

J'étais sorti très tard la veille parce que ce matin-là j'étais de congé et les autres m'ont laissé dormir.

Le commandant est arrivé avec un ami officier qu'il avait invité à inspecter nos baraquements et ils m'ont trouvé là en train de ronfler.

J'ai eu une punition : je ne devais pas sortir pendant une semaine. J'étais confiné à l'école, au réfectoire et dans le baraquement.

Alors j'ai fait un mannequin, un très bon mannequin que je mettais dans mon lit et je suis sorti toutes les nuits.
Ma façon de dire : merde.

Voilà, la guerre rageait dans le monde et moi j'étudiais et j'enseignais la radio en paix. Ça ne gênait pas ma conscience. Simplement, j'y pensais.
Je faisais mon travail, quoi.

8

Je vais raconter un tournant dans toute mon existence.

Il y avait à FORT KNOX deux grands foyers pour les soldats,
tenus par le service de divertissement des troupes. Des endroits énormes.
On pouvait jouer aux cartes, il y avait des films, le café était gratuit,
avec du lait et du sucre si on voulait, je crois même qu'on donnait quelques cigarettes
et des doughnuts. C'était sympa.

Un soir, dans un de ces clubs, je grimpais
un petit escalier et je me suis trouvé à côté
d'une porte. Une porte quelconque.

Je l'ai ouverte.

Je passais subitement de 500 personnes à 5 ou 6. Les murs étaient insonorisés. On n'entendait rien du brouhaha de l'extérieur.

Il y avait un piano, des fauteuils de cuir très confortables, de jolis double-rideaux aux fenêtres et surtout un excellent appareil électrophone, dernier cri pour l'époque, qui jouait les 78 tours.

La collection de disques était admirable.

J'ai appris plus tard que ça avait été monté par un groupe de femmes qui voulait faire quelque chose pour les soldats. Inutile d'ajouter que ça ne ressemblait en rien à ce que j'avais connu de l'armée jusqu'alors.

Et donc, en entrant dans ce salon de musique, je me suis trouvé dans un monde où je vis encore aujourd'hui, qui est le monde de la belle musique.

Je suis devenu presque le chef, là-dedans. Soir après soir, avec deux ou trois autres, on menait le jeu.

Je n'ignorais pas l'existence de la belle musique, mais alors là, c'était une révélation. J'aurais pu rester comme enseignant de radio pendant dix ans tellement j'étais heureux de recevoir cette musique.

Il y avait du BACH, du SCHUBERT, du HAENDEL, de superbes quatuors de BEETHOVEN par l'ORIGINAL BUDAPEST STRING QUARTET et beaucoup d'autres merveilles.

FRANZ SCHUBERT
STRING QUARTET
IN D MINOR · D 810
A. ALLEGRO
DEATH AND THE MAIDEN

UDWIG
THOV
LIN CO

Et puis il y avait des soldats qui s'y connaissaient très bien et m'expliquaient. Par exemple, un gars assez snob qui étudiait la musicologie avant d'être incorporé.

Un autre ami élève connaissait un groupe à l'université de LOUISVILLE qui donnait des concerts de disques. Ce garçon, David DIAMOND, avait de l'argent et si on pouvait avoir une perm' en même temps, il me payait une chambre d'hôtel à LOUISVILLE et on allait au concert.

C'était très très select. Peut-être vingt personnes dans un petit salon cossu. On écoutait des opéras qu'un présentateur commentait. J'ai connu DON GIOVANNI comme ça.

J'ai aussi rencontré au music room de FORT KNOX un élève radio, Amiel Philip VAN TESLAAR. Charmant. C'était un génie. Je crois qu'il avait un Q.I. de 150, qui est le début du génie.

Il connaissait personnellement ce grand philosophe qui s'appelle ... Il est mort, maintenant. Très moderne. Oh, qu'importe ! Ça me reviendra.

C'était le descendant d'une famille de DARK DUTCH, les Hollandais noirs.
Vous savez qu'il y a deux sortes de Hollandais : il y a les Hollandais comme on pense, germaniques, et il y a ceux qui sont remontés depuis l'Espagne.
Ces gens-là étaient souvent juifs, mais souvent aussi de descendance mauresque.
Autrement dit, bronzés de peau.

Il savait tout, Amiel.
Tout de la musique,
tout des maths, tout
de la littérature.
Il avait déjà lu tout
PROUST, par exemple.
Il détestait l'armée,
bien sûr, détestait
la radio.

Il était enchanté par le music room.
Souvent, il était si pressé d'arriver qu'il ne s'était pas changé,
il n'avait pas mangé et il avait les cheveux pleins de poussière rouge.

Amiel, secoue donc tes cheveux. Ils sont pleins de terre.

Je m'en fous. Je suis venu pour écouter la musique, pas pour me laver la tête.

Il jouait un peu au tennis, alors je me suis arrangé pour avoir deux raquettes et on jouait.

On allait quelquefois en ville et on essayait de boire, mais on était jeunes et à l'époque il fallait montrer sa carte d'identité : si on n'avait pas 21 ans, on ne pouvait même pas commander une bière dans les bars de LOUISVILLE, ni en acheter dans les magasins.

Mais Amiel disait :

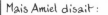

> Je veux de la BÉNÉDICTINE.

Alors nous avons fini, je ne sais pas avec quelle astuce, par convaincre un marchand de vin de nous vendre une bouteille de bénédictine.

> Je veux aussi qu'on ait des PONEYS.

Les poneys, ce sont ces tous petits verres à pied, très très fins, dans lesquels on met des alcools forts pour en avoir une petite quantité. On les a trouvés dans une cristallerie.

Je cachais la bouteille et les poneys dans mon baraquement. Quand on allait jouer au tennis, on les emmenait.

> C'est agréable de boire la bénédictine dans les poneys. Au goulot, ce n'est pas assez raffiné.

(car malgré la terre dans les cheveux, il était extrêmement raffiné.)

Amiel, je l'aimais beaucoup. On s'entendait à merveille. Et puis je suis parti faire la guerre en Europe et je l'ai complètement perdu de vue. Complètement.

Longtemps après, quand on a supprimé mon emploi civil auprès de l'armée de l'air à CHATEAUROUX, en 1953, je suis allé au quartier général d'ORLEANS, service du personnel civil, pour essayer de trouver une autre place.

Je m'asseois dans une salle d'attente, je regarde à gauche... non ! A droite, et qui est-ce que je vois ? Amiel ! Haha !

Il était assis là, dans le même but que moi. Sauf que lui, il avait toutes sortes de diplômes et il a trouvé facilement du travail.

Moi, je n'ai rien trouvé pendant un an. Une période de ma vie absolument catastrophique.

J'ai fini par être embauché par les services judiciaires de l'armée de terre américaine à LA ROCHELLE. En mai 1954. Je n'avais plus un sou en poche. Et qui est-ce que je vois ? De nouveau Amiel !

Il avait trouvé un très bon poste, très bien payé, à LA ROCHELLE. Il était marié à une Française. Il m'a dit :

Tu peux venir manger avec nous le soir, comme ça, jusqu'à ce que tu regagnes assez d'argent.

Parce que j'avais la place mais pas assez d'argent pour manger. J'ai mangé une demi-baguette par jour pendant un certain temps.

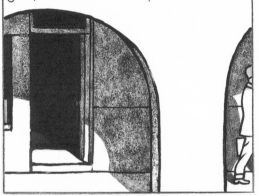

Alors, nous nous sommes revus un peu, puis après plus du tout et c'est dommage, parce que vraiment, c'était un ami. J'ai su 23 ans plus tard qu'il était devenu le directeur de l'Université américaine de PARIS.

J'ai écrit mais je n'ai pas eu de réponse. Je ne sais pas s'il a eu ma lettre.

Au fait, le nom du grand philosophe, ça me revient maintenant : c'était Bertrand RUSSELL.

55

9

Enfin, l'ordre est venu que tout militaire en état de se battre, qui avait passé dix-huit mois ou plus aux États-Unis sans aller sur un théâtre de guerre, devait être affecté à une unité en préparation pour le combat.

Mes jours de professeur ont pris fin subitement et on m'a envoyé à FORT BENNING, en Georgie, dans les blindés.

J'y ai rencontré plusieurs de mes anciens élèves qui étaient devenus radios.

Le plus drôle, c'est qu'il n'y avait plus de poste de radio pour moi et je me suis retrouvé sur le siège arrière d'une jeep, comme patrouilleur-fusilier.

La vie n'était pas agréable.
Il faisait froid, c'était l'hiver et ça rendait pénible
ce travail de patrouilleur.

On nous faisait ramper de part et d'autre de la
jeep, deux à droite et un à gauche, pour
inspecter les bas-côtés de la route, les
bosquets, etc... Je me suis dit :

C'est pas vrai, je vais pas passer
toute la guerre à ramper comme ça ?

Heureusement, le chef de cette jeep, le sergent
JOHN MARKER, était un type épatant. Nous
sommes devenus de très bons amis. Il m'a dit :

COPE, il faut absolument
que tu apprennes à
conduire autre chose
qu'un char.

Mais je
comprends !
Fais-moi
conduire !

Alors chaque fois qu'on avait un bon bout de route à faire
il me laissait conduire et j'ai appris assez vite.

Enfin, je n'étais pas un bon conducteur,
mais je savais au moins changer les vitesses
et même mettre la jeep en quatre roues motrices.

Il y avait tout un mélange de soldats à FORT BENNING, quelques-uns exceptionnels,
pour la plupart pas trop chouettes. Des incapables et des tire-au-flanc.
Mais pas des tire-au-flanc qualifiés, comme moi, des tire-au-flanc
qui ne savaient rien faire du tout.

Un de mes camarades était un hillbilly très sympa
des montagnes de l'OZARK qui avait passé toute
sa vie pieds nus.
Ça lui faisait très très mal de mettre des chaussures.

J'ai pensé que je pourrais peut-être faire
quelque chose de mieux et un copain et moi
avons demandé à aller à l'école des officiers.

On y restait
deux ans et
on en sortait
lieutenant.

J'ai été interviewé par une commission d'officiers.
Seulement, je n'en savais pas assez au sujet de l'organisation d'une armée,
pour la simple raison que ça ne m'avait jamais intéressé.

Comment fonctionne une division ?
Qu'est-ce qu'il y a dedans ?
Que font les différentes armes ?

J'ai donné
des réponses
plutôt vagues,
dans l'ensemble.

A un moment, il fallait reconnaître sur le col de chemise de chaque officier l'insigne de son arme. Ça, j'aurais peut-être pu le faire pas mal.

Mais ils étaient en hauteur, comme dans un tribunal et derrière eux il y avait des baies vitrées, tout le long.

Subitement, le soleil couchant est apparu et m'a donné droit dans les yeux.

Excusez-moi, je ne vois absolument rien avec le soleil.

Ils ont rigolé et n'ont rien fait pour m'aider.

De toute façon, je n'étais pas matière à faire un officier.

Je n'étais pas
suffisamment
militaire, j'étais
davantage rêveur.

59

10

Pendant que j'étais à FORT BENNING,
j'ai reçu une lettre de LOU qui était
dans un autre camp, assez loin.

Il proposait qu'on essaie de se revoir
une dernière fois.

Il avait obtenu par tirage au sort
une perme de 24 heures, ce qui fait,
pour un week-end, presque deux jours.

Dans sa lettre, il disait :

" Si tu peux avoir une perme aussi,
il y a une petite ville entre ton camp
et le mien où nous pouvons arriver
en autocar en peu de temps."

(J'ai oublié le nom de cette petite ville,
je le regrette.)

" Un car quitte FORT BENNING tel jour
à telle heure, tu arriveras dans cette petite
ville vers le milieu de l'après-midi.
Nous pourrions louer une chambre
d'hôtel, dîner ensemble, bavarder
aussi longtemps que ça nous plaira
et prendre le petit déjeuner
le lendemain matin avant de rentrer.

Écris-moi vite. "

Il s'était même donné la peine
de chercher les horaires de car
pour moi.

Je suis allé voir le premier sergent, je lui ai expliqué notre cas et je lui ai demandé s'il y avait moyen d'avoir une perme de 24 heures.

A ma grande surprise, il a été très compréhensif.

Ton copain est bien gentil d'arranger ça et je vais t'aider. Je peux t'avoir ta perme et je vais vérifier les horaires.

Il les a vérifiés et ça collait.

Alors, le jour prévu, j'ai pris mon car, enchanté que Lou ait pensé à organiser ça.

Moi, je n'aurais pas eu cette idée.

On s'est retrouvé. On n'était riche ni l'un ni l'autre, mais on avait mis assez d'argent dans nos poches respectives pour louer une belle chambre dans un hôtel qui se présentait très bien.

On a beaucoup bavardé, on s'est raconté nos vies, ce qu'on avait fait, ce qu'on n'avait pas fait, les nouvelles des familles, jusqu'au dîner.

Avant le repas, on s'est même permis un cocktail alcoolisé, chose qu'on ne faisait jamais et je me souviens qu'on a pris des DRY MARTINIS. C'est fait avec à peu près trois cinquièmes de gin et deux cinquièmes de NOILLY-PRAT. Très bon. Très fort. Les Américains adorent ça.

Évidemment, on a bavardé la moitié de la nuit, jusqu'à ce qu'on s'endorme.

Le lendemain, après le petit déjeuner,
nous nous sommes dits au revoir,
sachant que cette fois, on ne se
reverrait peut-être plus jamais
et très contents de notre amitié.

Voilà. Au revoir, Lou.

C'était juste avant qu'il ne quitte
les États-Unis pour la guerre.
Ah, il vous aurait plu.
C'était un gars vraiment bien.
Un homme très droit, très fort.
Et comme c'est indiqué ailleurs
dans cette histoire, je n'ai pas
eu de ses nouvelles pendant très
longtemps.

11

Pendant les vingt mois qu'a duré mon service militaire, je ne suis retourné que deux fois dans ma famille, en Californie.

Il faut dire que le trajet aller-retour en train prenait dix jours.

Et dans des trains ultra-bondés.

La première fois était très triste.

Mon grand-père COPE était mort pendant mon entraînement de base, je n'avais pas pu rentrer pour ses funérailles et ma grand-mère COPE était dans un état désespéré.

Elle était dans un monstrueux hôpital de Los Angeles, tellement immense que le personnel ménager se déplaçait en patins à roulettes.

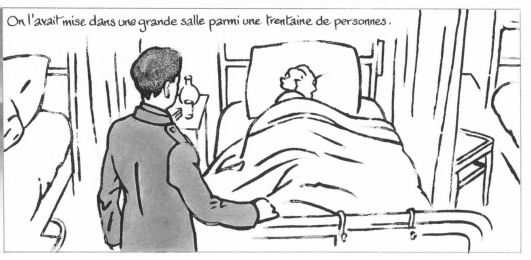

On l'avait mise dans une grande salle parmi une trentaine de personnes.

J'avais toujours été très très proche de ma grand-mère paternelle, on s'aimait beaucoup. Elle n'aimait pas ma belle-mère, ma belle-mère ne l'aimait pas, donc il n'était pas question de s'en occuper à la maison.

Je peux le comprendre.

J'étais en uniforme. On n'avait pas le droit d'être en civil pendant les permissions. Elle était contente de me voir, bien sûr, mais elle était triste comme peut l'être une personne qui va mourir.

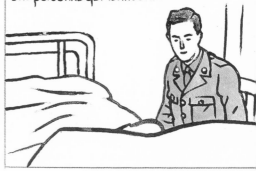

Elle a fait un effort pour parler un peu.

Tu vois cette femme, là-bas, qui est à l'entrée de la salle, dans le premier lit ?

Oui.

Eh bien, figure-toi que c'est une hermaphrodite.

Ah bon ?

Cela m'a surpris qu'elle connaisse ce mot.

Je n'en avais jamais vue.

Au fond, elle remarquait ce qui se passait autour d'elle.

Peu de temps après, elle est morte.
Toute sa vie a été très difficile.
C'est une autre histoire.
J'ai sa bague de fiançailles,
que je porte en souvenir.

Mon alliance actuelle est aussi la sienne, que j'ai faite agrandir.

Cette fois-là, j'ai aussi vu MARTHA et je suis sorti avec EGYPTE. On a vu "Autant en emporte le vent."

C.GABLE   V.LEIGH
"GONE WITH THE WIND"

Ma belle-mère était furieuse.

Je t'avais interdit de voir ce film ! C'est plein de jurons et de gens qui couchent les uns avec les autres !

Pourtant, elle n'était pas tellement puritaine. Elle était bizarre, c'est tout ce que je peux dire.

Mais qu'est-ce que tu crois, je l'ai vu, ça me plaît, voilà tout, tais-toi.

Petit, je lui obéissais. Plus tard, naturellement, je n'obéissais plus du tout.

Nous nous entendions bien, cependant, parce que j'étais un gentil garçon bien élevé et que je voyais mon père content d'avoir une jeune femme. Je la traitais donc bien, mieux qu'elle ne me traitait, ça c'est certain.

Pour la deuxième permission, j'ai eu de la chance ; j'ai été tiré au sort juste avant les grandes manœuvres qui allaient précéder notre départ au combat.

Le premier train que j'ai pris, je devais le héler comme un tramway. J'ai pu, grâce à lui, rejoindre une gare où passait le train qui allait en Californie par la voie sud.

C'était un voyage difficile, parce que c'était l'hiver, qu'il n'y avait rien à manger et des gens couchés partout dans les couloirs ou les filets à bagages. J'ai eu une place assise, c'était un miracle.

Il n'y avait absolument aucun service de bouffe, sauf qu'on s'arrêtait dans les gares et là, il y avait des vendeurs de sandwiches, de coca-cola, de café, etc... On achetait par la fenêtre.

J'avais une place à côté du couloir et je ne l'ai pas lâchée, sauf pour aller aux toilettes. Ma voisine me la gardait.

L'avant-dernier jour, je sors des W.C. et je vois les jambes d'un type qui allait disparaître par la fenêtre. Il sautait du train, il allait se tuer, quoi.

Heureusement, il était tout petit et j'ai pu l'attraper et le tirer à l'intérieur.

C'était un petit marin de dix-huit ans, complètement ivre, ivre mort. Il ne tenait plus debout.

Je l'ai porté jusqu'à ma place et je l'ai gardé sur mes genoux toute la journée et toute la nuit sans connaissance.

Le lendemain matin, finalement, il s'est réveillé.

Qu'est-ce que je fais là ?

OH! Vous me faites mal !

Comment ça, je te fais mal ? Je te fais pas mal !

Ah, c'est mon peigne...

Son peigne lui était rentré dans la cuisse pendant tout ce temps. Je ne pouvais pas le savoir, moi.

Qu'est-ce que je fais chez vous ?

Ben, tu ne te rappelles de rien ?

Non.

A la gare de Los Angeles, j'ai eu le plaisir de voir mon père, ma belle-mère Caroline et ses parents qui m'attendaient.

J'ai donc passé quelques jours comme ça, c'était bien, j'ai vu des copains et j'ai beaucoup vu la famille ZEDIKER, la famille d'EGYPTE.

Les parents de ma belle-mère, qui habitaient dans la même rue qu'EGYPTE, presqu'en face, n'aimaient pas les ZEDIKER. Ils ne supportaient pas l'idée que je les fréquentais.

Tout ça, c'était basé sur rien du tout, simplement sur l'idée qu'ils avaient une mauvaise réputation.

Ils n'avaient pas DU TOUT une mauvaise réputation.

Bref, la nuit de mon départ est arrivée très vite, je devais être accompagné à la gare par ma famille et les ZEDIKER sont venus aussi.

Et alors ma famille a fait la gueule quand ils ont vu ces gens.

Ils m'ont à peine dit au revoir, tellement ils étaient outrés que mes amis soient venus.

De la part de mon père ça m'a étonné, je n'ai jamais compris ça. Je crois que c'était un homme, je ne dirai pas timide, mais qui n'aimait pas heurter la sensibilité des gens et il devait trouver, probablement, qu'il n'avait qu'à se taire.

Mes amis m'ont beaucoup embrassé, ma famille à peine et finalement, c'est Caroline qui est venue jusqu'à la portière du train et m'a tout de même embrassé encore une fois et dit au revoir.

J'ai été très choqué et, étant donné que je m'appelle Alan Cope, très en colère. J'étais outragé, furieux.

Je n'ai pas versé de larmes, ne vous en faites pas, mais je me suis dit : "c'est pas possible, une affection familiale qui peut être aussi hypocrite n'est pas vraie."

Je leur ai écrit une lettre où je leur ai vraiment dit ce que je pensais, en termes bien pesés.

Comment ? Vous avez un fils que vous voyez peut-être pour la dernière fois, qui va peut-être se faire tuer à la guerre, et tout ce que vous trouvez, c'est d'agir ainsi ? Je suis très déçu par vous.

J'en ai envoyé une copie à tout le monde. C'est peut-être pour ça qu'ils ne m'ont pas beaucoup écrit quand je suis parti.

J'étais très très en colère,
mais j'ai dit tant pis,
ça je m'en fous,
c'est MON aventure,
c'est MON aventure dans la guerre
et je ne vais pas me laisser...

Parce que pour moi, voyez-vous,
étant donné qu'il FALLAIT aller à la guerre,
je m'étais toujours dit :
je vais prendre ça comme une aventure,
je ne vais pas trembler,
je ne vais pas dire que c'est une tragédie personnelle,
je fais comme tout le monde
et c'est peut-être pour ça que je n'ai jamais eu peur.
C'est très curieux,
je n'ai PAS eu peur pendant la guerre.
J'avais décidé une fois pour toutes
qu'arriverait ce qui arriverait.

12

A peine rentré de permission, j'ai été envoyé en manœuvres deux semaines.

Mon bataillon était déjà sur place et je l'ai rejoint, seul à l'arrière d'un camion d'approvisionnement.

Je sentais, on sentait tous qu'on allait bientôt partir pour la guerre.

J'avais appris précédemment à me servir d'une arme très spéciale. Presque personne n'arrivait à atteindre la cible avec ça, mais moi j'y parvenais.

Il fallait utiliser la petite carabine, on fixait un adaptateur dessus, on mettait sur ça une espèce de longue grenade et c'était censé faire exploser un char.

D'ailleurs, ça marchait, c'était un engin terrible. Mais alors le problème, c'était de tirer avec.

On s'asseyait par terre, les jambes croisées en tailleur et le dos rond, le coccyx très arrondi.

On épaulait la carabine et on la serrait bien, parce que le recul était invraisemblable. (debout, on se serait cassé l'épaule ou le dos.)

Il n'y avait pas de dispositif spécial pour viser, c'était au pifomètre.

On tirait en l'air, parce que cette chose offrait tellement de résistance à la détonation, qu'évidemment ça ne pouvait pas avoir une trajectoire droite.

La grenade montait en l'air, décrivait une courbe et devait redescendre sur le char.

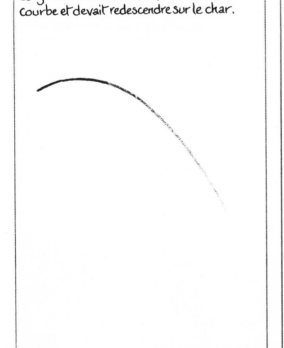

Pendant ce temps-là, on était brutalement envoyé en arrière par le recul, on faisait un roulé-boulé et on se retrouvait de nouveau assis. Evidemment, il ne fallait pas lâcher son arme. Si on le faisait comme il faut, on n'avait pas mal. Sinon, on se blessait. Vous voyez un peu.

Dans les manœuvres, il y a toujours deux camps adverses. Comme j'étais bon, on m'avait choisi pour éliminer un char qui devait paraître, subitement, entre des arbres.

Il y a deux raisons pour lesquelles je me suis fait piéger par une mine antipersonnel. Primo, le cordon qui l'actionnait était très évident, mais j'étais tellement concentré sur la venue du char que je ne pensais à rien d'autre.

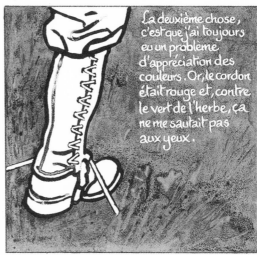

La deuxième chose, c'est que j'ai toujours eu un problème d'appréciation des couleurs. Or, le cordon était rouge et, contre le vert de l'herbe, ça ne me sautait pas aux yeux.

Ce qui a sauté, par contre, c'est la fausse mine à pétard, et donc je suis mort.

J'étais affreusement gêné et j'ai essayé de demander pardon, mais enfin, ce n'est pas un langage militaire. L'observateur était furieux.

Mais tu es mort, COPE ! Qu'est-ce qu'on va faire ?

On entendait le char approcher. Il a consulté rapidement un autre chef et il m'a dit :

Bon, allez, tu n'es que légèrement blessé. Tu vas tirer quand même .

Assieds-toi et tire dès que tu vois le char en entier.

Je me suis dit : il faut absolument que tu l'aies .

Eh bien je l'ai eu. En plein milieu .

PAH

Evidemment, ça n'a pas explosé, mais la grenade a fait TOC contre le blindage .

Voilà .

74

On mangeait très peu pendant ces manœuvres.
J'ai beaucoup maigri.

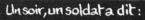
Un soir, un soldat a dit :

Je suis allé me promener hier soir dans les bois, et j'ai rencontré un bûcheron qui vit là, dans sa cabane. Si on y va tout à l'heure, il nous vendra un petit repas avec un beau steak pour pas cher.

On ne mangeait jamais de vrai bon steak à l'armée. Quant à moi, c'est bien simple, je n'en avais jamais mangé. Je venais d'une famille où on prenait des choses moins chères, comme la viande hachée. Alors, j'ai suivi le mouvement.

On a marché une bonne heure dans les bois et on s'est retrouvé, effectivement, devant la cabane d'un bûcheron.
Ça aurait pu être un siècle auparavant.

Nous sommes entrés dans la cuisine, qui était excessivement rustique.
On a mangé un bon steak et bu un bon café.

Je crois que j'ai payé un demi-dollar.

13

De retour au fort, ont commencé les grands préparatifs de départ.
Étant donné qu'on était sur la côte est, et dans une unité blindée,
on se doutait depuis longtemps que notre destination
serait l'Europe.

J'ai été informé qu'on me nommait canonnier,
en remplacement d'un garçon malade.

Et pourquoi moi ?

Parce que ton dossier dit que tu atteins la cible dans tous les tests.

J'étais enchanté de quitter la jeep et ma place de patrouilleur.

C'était un poste de canonnier dans ce qu'on appelle
un "armored car". En français : engin blindé de
reconnaissance. Ça ressemble à un char, mais
c'est monté sur roues.

Le canon n'est pas offensif, mais il est long
et assez gros. Il faut le nettoyer tous les jours,
même si on ne s'en sert pas.

La bonne surprise, c'est que le chef de mon armored
car était mon ami JOHN MARKER.

Écoute, COPE, avant de partir, ce serait bien que tu tires au canon.

Ben oui, je ne l'ai tiré qu'en simulation.

Alors on s'est entraîné au champ de tir pendant une demi-journée.

Je suivais ses commandements et ça marchait bien.

Le radio s'appelait KULIK, un juif new-yorkais dont les parents avaient une épicerie fine.

Le conducteur, c'était POLSKI. Un gars d'origine polonaise, évidemment.
Il conduisait, dans le civil, des camions transporteurs de dynamite.

On va beaucoup reparler d'eux, plus tard.

Le moment du départ est venu. On est parti trois fois. On prenait véritablement la route mais on n'embarquait pas, on revenait au fort. C'était le système américain pour que les soldats s'habituent à la tension.

C'est vrai qu'à la troisième fois, on s'est dit : "Non ! Pas encore ! Si cette fois pouvait être la bonne, on serait soulagé parce qu'il faut tout faire et défaire à chaque fois." Mais c'était bien le vrai départ.

On ne savait pas vers quel port on allait. On ne nous tenait au courant d'aucune destination. Bref, on s'est retrouvé au pied d'un immense paquebot et on a embarqué.

Je n'étais plus avec MARKER et les autres. Je ne connaissais personne autour de moi.

C'était un ancien paquebot de luxe italien, pris par les Américains et complètement converti en transport de troupes.

Il était très grand, probablement six ou sept ponts en tout.

Il y avait partout partout des couchettes à deux ou cinq niveaux et, entre, des allées étroites pour se déplacer.

On nous a dit qu'une division entière était sur le bateau. Ça fait à peu près dix mille hommes, quoi. En tout cas, il y avait beaucoup de monde.

C'était le mois de février 1945 et la tempête sur l'Atlantique n'a pas cessé.

Ça remuait beaucoup et presque tout le monde était malade. Mais pas moi, ni quelques rares autres gars.

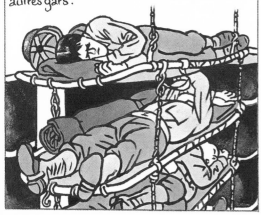

Alors on faisait ce qu'on voulait. Les sous-offs étaient malades aussi et ne nous obligeaient pas à travailler ni rien.

Il y avait partout de gros bidons de 200 litres pour vomir dedans. La plupart des gens ne mangeaient pas, donc, nous, on mangeait très bien.

Les cuisiniers n'allaient pas jeter toute la bonne nourriture, alors ils sortaient les meilleurs morceaux pour nous. Steak tous les jours !

Ça vaut la peine de décrire comment on mange dans ces conditions. Il y avait des pièces réservées pour manger. Les tables étaient grandes et hautes, parce qu'on ne s'asseyait pas, on restait debout.

Ces tables étaient recouvertes de zinc avec un rebord tout autour d'à peu près dix centimètres. Heureusement !

Parce qu'avec la tempête, si on ne tenait pas son assiette, on la retrouvait à l'autre bout de la table.

Il n'était pas question de poser un gobelet, ni même de le tenir plein. Il fallait boire dès qu'il était rempli et puis le garder en main ou l'accrocher à sa ceinture. Sinon, ça fichait le camp aussi.

Au dortoir, il y avait à la couchette au-dessus de la mienne un bonhomme d'au moins 150 kilos.

80

Quand il était couché (c'est-à-dire souvent, parce qu'il était malade et bougeait peu), je ne pouvais pas entrer dans ma couchette ni en sortir, à moins de le faire lever.

Il se levait pour être gentil, mais ça le fâchait parce qu'il était vraiment malheureux.

Son poids faisait s'enfoncer la toile de la couchette et plier les barres de soutènement. Quand j'étais allongé, ça allait à peu près, je pouvais même me retourner en forçant un peu, mais je ne pouvais pas passer entre les deux barres.

J'aimais quand même bien l'idée d'être en bas et je m'arrangeais avec ça.

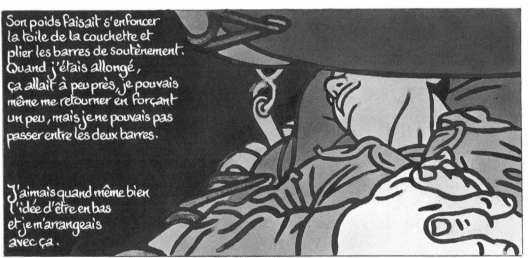

Un jour où j'étais dans une autre partie du bateau, j'ai vu un garçon qui occupait une couchette à deux niveaux seulement et qui, donc, pouvait se tenir assis sur son lit.

Il avait des cartes et jouait au solitaire.

Quelle chance tu as ! Moi, je ne peux pas m'asseoir sur mon lit.

Je lui ai raconté pourquoi et c'est comme ça que j'ai rencontré DOMINIQUE D'ANTONA.

Il avait un physique d'Italien très viril, avec une élocution instruite et élégante. C'était un gars sûr de lui et visant haut.

On est devenu copains et on se voyait matin, midi et soir. On a échangé des notions sur la musique. Il jouait du violon et avait monté un quatuor avant d'être appelé.

Il gagnait toujours aux cartes. Comme il était généreux, il me payait des choses.

Moi, je ne jouais pas aux cartes, mais si j'avais joué, je n'aurais pas gagné d'argent, je me connais.

Presque personne ne prenait de douche, parce que c'était difficile. A vrai dire, c'était dans un endroit conçu pour laver le matériel, pas les gens.

Un tuyau sortait du mur et il n'y avait absolument rien pour se tenir. Les parois et le sol étaient lisses et même gluants.

Il fallait être deux. L'un se tenait dans un coin, entre deux pans de mur, et l'autre arrosait.

HAHA. C'était vraiment des conditions déplorables.

J'ai adoré la tempête.

On n'avait pas le droit de sortir, mais on a trouvé une porte mal fermée qui donnait sur un petit poste d'observation juste au-dessus des vagues.

Alors on ne disait rien à personne et on sortait, DOMINIQUE et moi, regarder la tempête.

Le matin, les vagues étaient immenses et quand on était dans le fond d'un creux, on voyait le soleil se lever à travers l'eau.

Ça faisait une couleur extraordinaire.

Pendant la traversée, comme la vie de l'administration militaire continue, on est venu m'annoncer :

COPE, tu es nommé première classe.

Voici tes galons. Tu as de quoi les coudre ?

Oui.

Ben couds-les tout de suite.

Après tout ce temps ! Ça m'a permis d'être un peu mieux payé et de pouvoir acheter plus facilement mon chocolat, mon coca ou mes cigarettes.

On gagnait très peu dans l'armée.

Un matin tôt, on nous a subitement prévenus : "On débarque." Nous nous sommes retrouvés à quai.

La remise du paquetage était bien organisée, on n'a pas eu à attendre. Je devrais dire DES paquetages, parce que c'était un barda incroyable.

Normalement, un homme ne peut pas porter tout ça. Une partie est transportée par camion. Mais il n'y avait pas de camion. Le sergent a dit :

Ramassez vos affaires et suivez-moi !

On était en France. Pour autant que je le sache, au Havre. La ville était complètement détruite.

On a vu comment avait été la guerre avant que nous arrivions. A l'époque, évidemment, les Allemands étaient loin.

La chaussée était en mauvais état. Les bâtiments à droite et à gauche presque inexistants.

Personne n'était capable de porter autant de choses. On essayait d'en tirer une partie derrière soi mais c'était défendu.

Le sergent nous faisait arrêter très souvent pour respirer un peu. C'est au cours d'une de ces haltes que STANLEY, le gars qui était à côté de moi, m'a dit :

Eh bien, COPE ! On va s'en souvenir, de ce 19 février !

On est le 19 février ?

Oui.

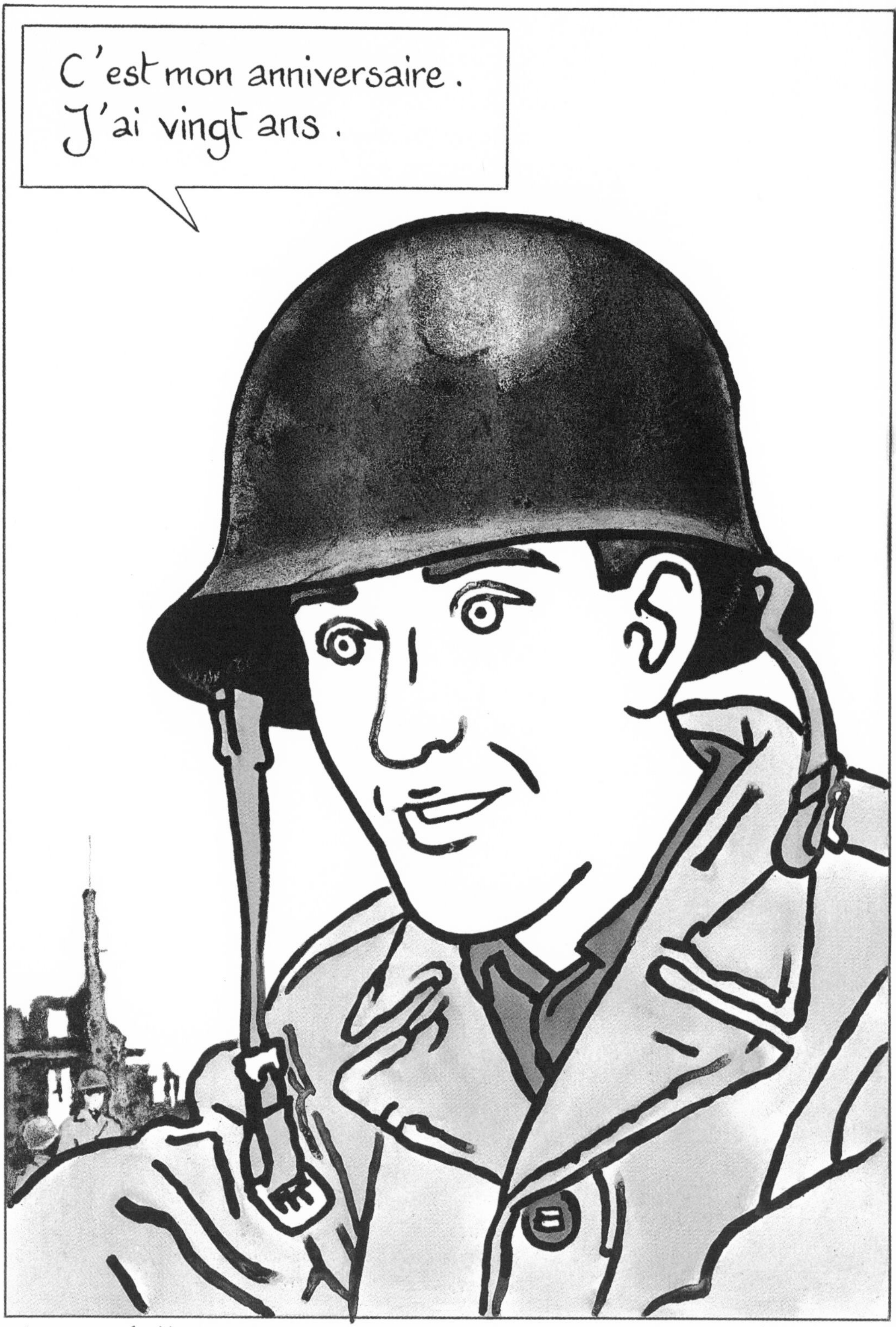

Emmanuel Guibert

A suivre

Du même auteur à
L'Association

La Guerre d'Alan
(3 volumes, Collection Ciboulette, 2000-2008)

Va et vient
(Hors Collection, 2005)

Vingt-Quatrième Volume de la Collection Ciboulette,
LA GUERRE D'ALAN, VOLUME I, *d'Emmanuel Guibert,*
a été achevé de réimprimer en février 2008
sur les presses de l'imprimerie Grafiche Milani, Italie.
Dépôt légal deuxième trimestre 2000.
Sixième édition. ISBN 978-2-84414-036-4.
© L'Association *, 16 rue de la Pierre-Levée,*
75011 Paris. Tél. 01 43 55 85 87,
Fax 01 43 55 86 21.